TWENTY STUDIES
FOR THE GUITAR

by Fernando Sor
Performed by Paul Henry

T0053182

Publisher's Note

The renowned Andrés Segovia edition of *Twenty Studies for the Guitar* has been the artistic and technical cornerstone for classical guitarists since it was first published in 1945. The essence of the edition is that Segovia selected and assembled 20 studies from Sor's enormous output of music, based on their musical and technical qualities. He went on to add fingerings, dynamics, articulations, and in many instances, tempo indications. In effect, he imparted his own unparalleled musical and technical expertise and created a true *performer's* edition.

This book/audio edition provides a new, clear engraving of the music, while retaining the timeless fingerings and editorial markings of Segovia. Opus numbers and original tempo indications have been added by the publisher. The audio (CD or cassette) provides a full performance of all 20 studies. Exquisitely interpreted and performed, this recording will be an invaluable study reference, as well as a welcome addition to any guitarist's music collection.

Recorded by Andrés Segovia on Decca Records.

Second Edition

EDWARD B.
Marks Music
Company

EXCLUSIVELY DISTRIBUTED BY

HAL•LEONARD®
CORPORATION

7777 W. BLUEMOUND RD. P.O. BOX 13819 MILWAUKEE, WI 53213

FERNANDO SOR 1778-1839

Los 20 estudios que contiene este cuaderno han sido elegidos entre los mas eficaces y bellos que Fernando Sor ha escrito para la guitarra. No son muy numerosos los Maestros que han logrado mantener, en los estudios compuestos por ellos para desarrollar gradualmente la técnica del instrumento à que consagraran sus afanes, el justo equilibrio entre la eficacia de la intención pedagógica y la desinteresada belleza musical. Entre los mas excelsos acuden enseguida a la memoria los nombres de Domenico Scarlatti, cuyas luminosas "Sonatas" fueron destinadas a ejercitar dedos ya muy adiestrados, y de Federico Chopin, cuyo genio derramose con firme vigor y bonda poesia en sus magníficos "Estudios".

La guitarra no ha sido desgraciadamente tan bien trabajada como los otros instrumentos que se grangearon la admiración pública en las salas de conciertos. Ha tenido apenas Maestros que fueran añadiendo caudal propio a la experiencia de sus predecesores; ha tenido escasos discípulos que se prestasen, con amorosa paciencia, a la prueba de viejas y nuevas conquistas pedagógicas. Parte de la enseñanza de la guitarra ha sido obra precaria de "aficionados" insolventes, buena tan solo para ejercer magisterio en los suburios musicales...No se ha formado todavia un cuerpo sistemático y progresivo de lecciones que vayan acompañando al buen estudiante, con provecho, desde los primeros pasos en la empinada cuesta de su aprendizage hasta las claras alturas del perfeccionamiento. La rica tradición vihuelística se fue adelgazando hasta no poseer, al prolongar su vida en la guitarra, sino escasos nombres que, en el siglo XIX, pertenecieron a talentos poco robustos. Los mas interesantes fueron sin disputa Fernando Sor, Dionisio Aguado y mas tarde Francisco Tárrega — sensibilizador de la guitarra moderna.

Los estudios de Sor que aqui se imprimen son igualmente útiles para el desarrollo de la técnica del discípulo y para el mantenimiento de la ya adquirida por el Maestro. Contienen ejericios de arpegios, acordes, notas repetidas, ligados, terceras, sextas, melodías en las voces superiores, cantos en el bajo, entrecruzamientos polifónicos, extension de los dedos de la mano izquierda, sostenimiento intencionado de la cejilla, y otras muchas fórmulas que, practicadas con asiduidad inteligente procurarán vigor y flexibilidad a ambas manos y conducirán infaliblemente a un mejor dominio del instrumento. Sobre esta indiscutible eficacia pedagógica, tienen estos 20 estudios otra cualidad que debe hacer resaltar quien desee consagrar su talento a la guitarra: la que los convierte en otras tantas obritas de verdadero valor musical dignas de emerger de la intimidad solitaria del trabajo diario, á la superficie de las audiciones públicas...

Los Angeles.
1945.

EDITOR'S NOTE — see back cover for English translation.

ESTUDIO 1

Lento *

Op. 6, No. 8

*original: Andantino

ESTUDIO 2

Allegretto *

Op. 35, No. 13

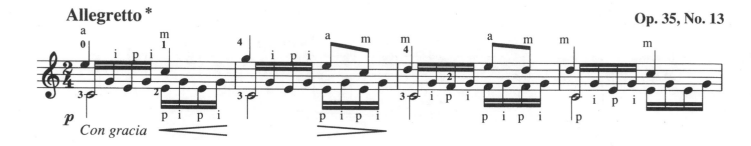

p
Con gracia

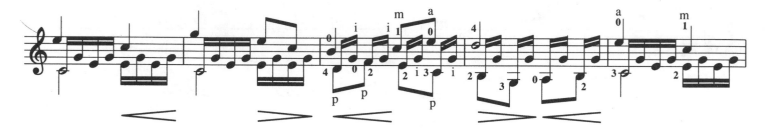

C III

C II

*original: Andante

ESTUDIO 3

Allegretto*

Op. 6, No. 2

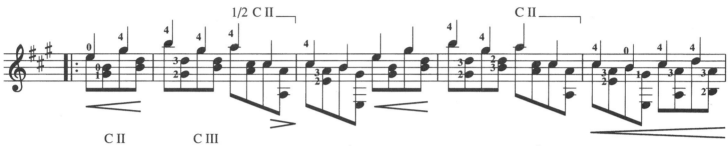

*original: Andante allegro

ESTUDIO 4

Allegretto*

Op. 6, No. 1

*original: Allegro moderato

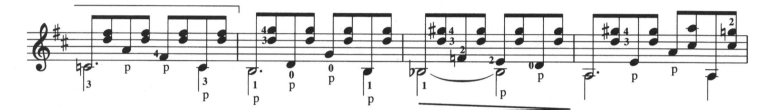

ESTUDIO 5

Moderato*

Op. 35, No. 22

*original: Allegretto

ESTUDIO 6

Allegro grazioso*

Op. 35, No. 17

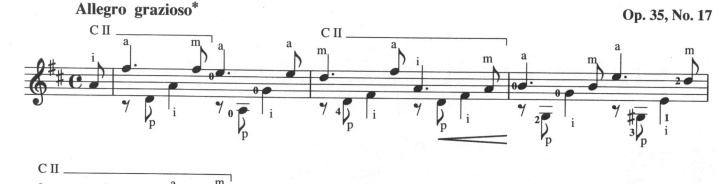

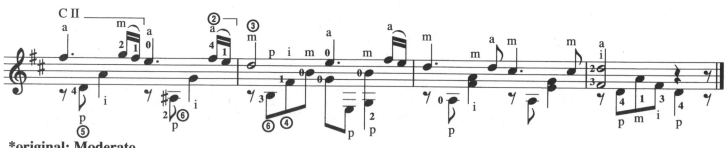

*original: Moderato

ESTUDIO 7

Moderato*

Op. 31, No. 21

*original: Andantino cantabile

ESTUDIO 8

Op. 31, No. 16

Lento*

*original: Moderato

ESTUDIO 9

Tranquillo* Op. 31, No. 20

*original: Andante allegro

ESTUDIO 10

Molto moderato*

Op. 31, No. 19

* original: Andante

ESTUDIO 11

Allegro moderato *

Op. 6, No. 3

bien medido

*original: no tempo indication

ESTUDIO 12

Allegro*

Op. 6, No. 6

*original: Allegro

15

ESTUDIO 13

6ª=Re

Op. 6, No. 9

Con calma *

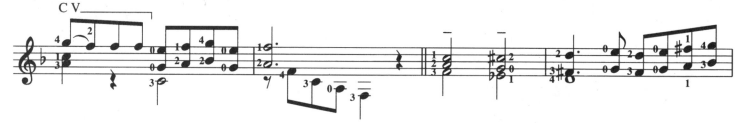

*original: Andante allegro

ESTUDIO 14

Andante *

Op. 6, No. 12

Bien cantada la parte superior

*original: Andante

ESTUDIO 15

Allegretto grazioso *

Op. 35, No. 16

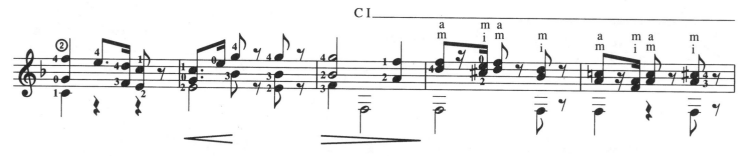

*original: Moderato

ESTUDIO 16

Allegretto*

Op. 29, No. 23

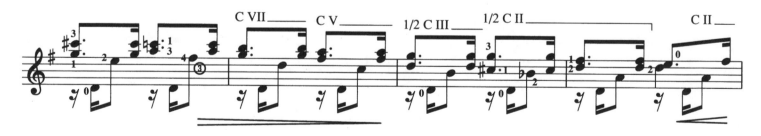

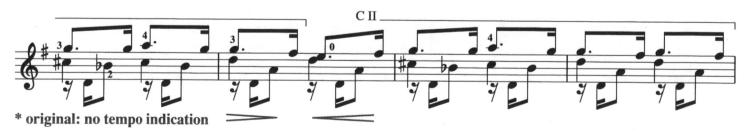

* original: no tempo indication

23

ESTUDIO 17

Movido*

Op. 6, No. 11

* original: Allegro moderato

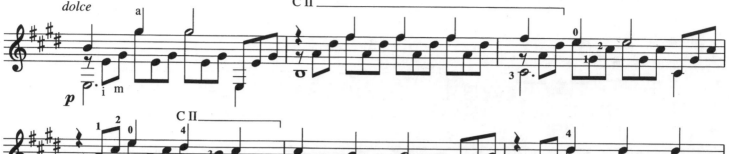

ESTUDIO 18

Op. 29, No. 22

Andante expressivo*

*original: Andantino

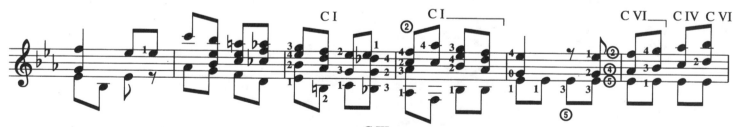

ESTUDIO 19

Lento*

Op. 29, No. 13

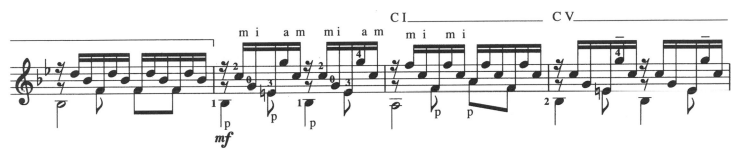

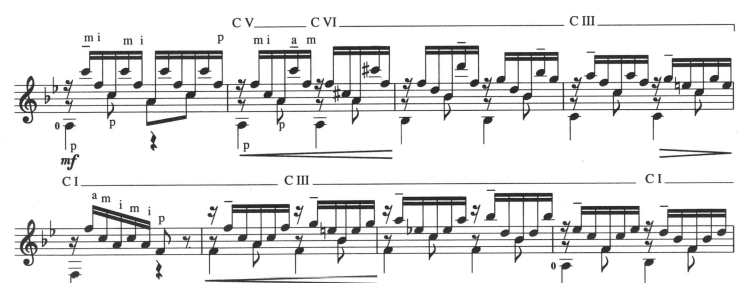

*original: Andante lento

30

ESTUDIO 20

Op. 29, No. 17

Moderato*

*original: **Allegro moderato**